Rüdiger Bach

Nimm dich selbst bei der Hand

AF221148

Rüdiger Bach

Nimm dich selbst bei der Hand

Ein Mutmachbuch

Rüdiger Bach
Nimm dich selbst bei der Hand
Ein Mutmachbuch

© 2021 Rüdiger Bach
Alle Rechte vorbehalten

Lektorat und Korrektorat: werspricht
Typografie und Satz: Peter Löffelholz
Umschlagbild: drawlab19 / 123rf.com
Herstellung und Verlag: BoD – Books on Demand, Norderstedt

Bibliografische Information der Deutschen Nationalbibliothek:
Die Deutsche Nationalbibliothek verzeichnet diese Publikation
in der Deutschen Nationalbibliografie; detaillierte bibliografische
Daten sind im Internet über dnb.dnb.de abrufbar.

ISBN 978-3-75198263-4

Auch als E-Book erhältlich

Für das Kind in mir,
das immer da ist,
meine Triebfeder und alles,
was mich ausmacht

Vorwort

Rüdiger Bach habe ich das erste Mal im September 2019 gesehen, zwar „live", aber dafür nur digital über Videokonferenz.

Er war einer der ersten Schauspieler, die mein damals neues Schauspielcoachingprogramm „Get That Role" gebucht hatten. Er hatte sich gleich für das ganz große Paket entschieden.

Wache, blaue Augen, ein breites Lachen, viel Empathie und eine kindliche Freude strahlten mich über den Bildschirm an. Ich habe sofort gespürt: das ist jemand, der mehr vom Leben erwartet. Er fordert viel, vielleicht, weil das Leben bisher viel von ihm gefordert hat. Mit großer Neugier, Respekt und einem klaren Blick auf seine Vision haben wir über mehrere Monate gemeinsam gearbeitet.

Es ist mir eine große Freude und erfüllt mich unendlich mit Stolz, zu sehen, wie Rüdiger beharrlich daran arbeitet, seine Träume zu leben. Dabei erinnere ich mich gut, wie schwierig es manchmal war, die Ungeduld zu bändigen. Wir haben große Felsen in kleine Brocken geschlagen, um diese zu überwinden. Was mich dabei fasziniert hat, ist, mit wieviel Zuversicht und Gewissheit Rüdiger seinen Weg verfolgt und die Grenzen seiner persönlichen Komfortzone immer wieder verlässt.

Dieses „Mutmach-Buch" ist seine persönliche Reise und soll die Leser daran erinnern, dass wir nicht auf Probe leben. Alles ist möglich und jeder Tag birgt neue Chancen, das Leben noch ein bisschen bunter, fröhlicher und lebenswerter zu gestalten. Mutig zu sein bedeutet nicht, keine Angst zu haben, sondern es trotzdem zu tun.

Rüdiger beweist sehr viel Mut.

Bo Rosenmüller
Producer & Coach

Einleitung

**Ich fange nie an aufzuhören,
und ich höre nie auf anzufangen.**

frei nach Cicero

Ein Buchprojekt auf den Weg bringen, eine Idee zu haben, scheint einfach.

Ich bin kein Autor, der ständig schreibt, aber es gibt immer ein erstes Mal. Auch ich erzähle Geschichten, ich bin Schauspieler. Also, los geht's!

Fragen und Antworten

„Willst Du ein Vorbild sein?"

„Ja, schließlich habe ich Erfahrungen gesammelt."

„Du willst sie also teilen?"

„Ja. Ich möchte ermutigen."

„Warum?"

„Weil ich daran glaube, dass Veränderung möglich ist. Was zählt, ist der Glaube an sich selbst. Mut haben, mutig sein ist der Schlüssel."

Meine Initialzündung ist der Workshop „Get That Role" gewesen, entwickelt von und mit Bo Rosenmüller. Ich bin schon Mitte fünfzig gewesen. Vieles in meinem Beruf ist sehr gut gelaufen. Einiges hingegen nicht. Mir wurde klar: Ich will und muss etwas ändern, ja, und tatsächlich, es ist nie zu spät, neu zu beginnen oder sich zu hinterfragen. Etwas tun, nicht in der Situation verharren und warten, dass jemand die Dinge für Dich erledigt.

Nimm Dich also selbst bei der Hand – und das habe

ich mithilfe von Bo Rosenmüller getan. Sie hat mir die Tür gezeigt, ein Anstupser genügte, geöffnet habe ich sie letztendlich selbst. Ich durfte neue Erfahrungen sammeln, wieder an mich glauben, wieder Träume haben. Ich arbeitete wieder an meiner Selbsteinschätzung, blickte neugierig in einen Spiegel, das war hart, aber auch schön und förderlich.

„Und nun: Ein Buch, ein Ratgeber, ein Mutmachbuch"?

„Lass es mich ganz einfach so beschreiben: Die Grundlage für dieses Projekt ist folgende: Meine persönlichen Erfahrungen – immerhin lebe ich meinen Beruf seit Jahrzehnten aus – möchte ich gern vor allem jungen Schauspielern*innen, die am Beginn ihres Berufslebens stehen, weitergeben."

Frühe Träume

Als Kind bekamen wir immer über die Freundin meines Großvaters – sie war eine ehemalige Schauspielerin und zu der Zeit als Souffleuse am Badischen Staatstheater in Karlsruhe engagiert – Karten für das Weihnachtsmärchen. Ein Souffleur oder eine Souffleuse ist am Theater ein äußerst wichtiger Beruf. Ohne ihn wären wir Schauspieler*innen, so wir unseren Text vergessen, einen „Hänger" haben, ziemlich aufgeschmissen. Während der Aufführung liest er*sie unsere Rolle flüsternd mit, um den Schauspielern*innen ihre Einsätze zu signalisieren. Sie geben Sicherheit. Die moderne Arbeitsweise heute sieht so aus: Die Schauspieler*innen auf der Bühne tragen einen kleinen Empfänger im Ohr, diese Technik ist in vielen größeren Theatern schon länger gebräuchlich. Damals allerdings waren die technischen Voraussetzungen natürlich andere. Das Gefühl hingegen, auf die Bühne zu wollen, hat sich bei mir nicht verändert. Schon damals war dieser Tag, an dem ich ins Theater durfte, immer ein Tag voller Vorfreude; ich war aufgeregt, als ob ich selbst auf der Bühne stehen müsste.

Meist war es der erste oder zweite Weihnachtsfeiertag. Das Ritual: Garderobe abgeben, Sitzplatz suchen, das Geflüster in den Reihen, der Gong, drei Mal, dann der rote Samtvorhang, der sich hebt, das Erklingen der Musik, der Auftritt der Schauspieler*innen, die ersten Sätze, alles zusammen wie Zauberei. Ich saß auf eine angenehme Weise entrückt im Zuschauerraum und wusste: Da gehöre ich hin, dort auf die Bühne. Niemals habe ich das bezweifelt. Unbedingt musste ich Schauspieler werden. Nur das wollte ich, nichts anderes.

Theater war und ist Magie, ich lebte damals voll mit, litt mit, kämpfte mit und war glücklich und erleichtert über das Happy End mit Kalif Storch, dem gestiefelten Kater, mit Rotkäppchen. Mit geröteten Wangen, ganz beseelt, ging es dann wieder nach Hause, in meine Welt, wo ich natürlich alles nachspielte, alle Rollen. Ich erschuf eine neue, meine eigene Welt, hielt fest am Traum: bald mein eigenes Publikum zu verzaubern. Es sollte sich, ebenfalls wie ich Jahre zuvor, von der Bühne, von den Schauspielern*innen und von mir magisch angezogen fühlen und applaudieren, so wie ich es am Ende jeder Vorstellung im Zuschauerraum getan hatte.

Die Freundin meines Großvaters wusste, dass ich auf die Bühne, dass ich Schauspieler werden wollte. Sie lebte damals in einer kleinen Zweizimmerwohnung. Der Wohnzimmerbereich war durch zwei rechts und links gebundene Vorhänge von der Küche abgetrennt. Ich stellte mir vor, es seien jene Samtvorhänge, die im Theater hingen. Perfekt, mich auszuprobieren.

Und schließlich kam der Augenblick, viele Jahre später, ich spielte am Theater Kinderrolle um Kinderrolle, was für ein Glück, ich erhielt die Chance meine Kindheit noch einmal auf der Bühne zu erleben und erwachsen zu werden. Einige der Figuren im Kindertheater wachsen durch Läuterung. Während ich sie darstellte, sie mir einverleibte und Ihnen näher und näher trat, wuchs ich an ihnen. Peter Pan beispielsweise, suchte ich in mir, und er blieb ein Teil von mir, bis heute. Ich empfinde ihn als ein Geschenk, einen Schatz, der unbezahlbar ist.

„Ich will Theater spielen", sagte ich immer und immer wieder. Meine ersten, echten Zuschauer, mein Großvater und seine Freundin waren begeistert, und zu meiner Freude amüsierte ich sie. Irgendwann machte die Freundin meines Großvaters einen Termin beim Chef des Kinderballettes beim Badischen Staatstheater aus. Ich nahm all meinen Mut zusammen, ging allein, ohne meine Eltern zu informieren. Und obwohl diesem strengen Mann im Ballettsaal, an dessen Namen ich mich nicht mehr erinnere, meine

Übungen an der Stange nicht sonderlich gefielen, ließ ich mir die Freude nicht nehmen. Womöglich war ich zu frei in der Ausführung, womöglich, schon damals, wenig angepasst, eigensinnig und temperamentvoll. Jedenfalls verabschiedete er mich, ohne Engagement. Ich aber streifte durch das Gebäude, schaute mich um, keiner der Theaterangestellten hielt mich auf. Ich fühlte mich zuhause. Theater riecht gut. Und Gerüche schaffen bekanntlich Heimat.

Obwohl der strenge Mann keine Anstalten gemacht hatte, mir zu signalisieren, dass er mit mir arbeiten wollte, war ich überzeugt, dass ich genommen werden würde, aber: nein.

Ganze acht Jahre sollte es noch dauern, bis ich mein Handwerk erlernen durfte. Es folgten viele Widrigkeiten. Trotz Gegenwind meiner Eltern, setzte ich mich durch, ging in meiner Heimatstadt Karlsruhe auf die Schauspielschule – die es heute bedauerlicherweise nicht mehr gibt –, zwei Jahre später wechselte ich nach München auf das Zinner-Studio. Ich war sehr naiv, unwissend, und alles musste schnell gehen. Ich hatte mich nicht informiert, griff nach der erstbesten Gelegenheit, nach einer Ausbildung auf einer Privatschule. Von staatlichen Schulen wusste ich nichts, hatte mich nicht informiert. Ich wollte einfach drauflos, mein Ziel erreichen. Dann fingen die Kämpfe an. Doch ich war auf dem Weg, auf meiner Reise, die immer noch andauert.

1

**Sei Du selbst!
Alle anderen sind bereits vergeben.**

Oscar Wilde

Was ist ein*e Schauspieler*in? Was bedeutet der Beruf? Etwa nur auf roten Teppichen stehen und sich fotografieren lassen? Glamour? Feiern? Einen drauf machen? Drogen? Alkohol? Natürlich Filme drehen, berühmt werden, Auszeichnungen entgegennehmen, dabei immens reich werden?

Das ist auch heute noch die Vorstellung vieler Menschen, wenn sie über den Beruf des*r Schauspielers*in nachdenken. Innerhalb der letzten dreißig Jahre hat sich das Berufsbild des Schauspielers allerdings stark verändert. Das Marketing. Die Formate. Die Gagen. Eines jedoch ist geblieben: das Handwerk. Immer noch muss es gelernt werden. Um es zu lernen, um es zu beherrschen, braucht es eine Ausbildung wie in jedem Handwerksberuf. Man unterscheidet drei Arten von Schauspielschulen:

Staatliche Schauspielschulen: *Kunsthochschulen/ Fachakademien oder Berufsfachschulen in öffentlicher Trägerschaft*
Diese Ausbildung gilt als „künstlerisches Studium" und dauert in der Regel acht Semester. Wie in anderen Studiengängen wird an den meisten Hochschulen der Diplomabschluss mittlerweile durch Bachelor- und Masterabschluss ersetzt.

Privatrechtliche Schauspielschulen: *als (höhere) Berufsfachschule bzw. Fachakademie staatlich anerkannte, bzw. staatlich genehmigte Ausbildungsstätten in privater Trägerschaft*
Die Ausbildungszeit dauert drei bis vier Jahre (6–8 Semester) und sollte mit einem berufsqualifizierenden Abschluss enden. Das verliehene „Diplom"/Zertifikat entspricht nicht einem Hochschul- bzw. akademischen Grad.

Die Bühnenreifeprüfung, die man vor der Paritätischen Kommission ablegen konnte, wurde 1991 abgeschafft.

Privatunterricht: *Eins-zu-eins-Lehre*
Dabei fallen alle Rahmenbedingungen und Lehrpläne weg. Man ist zeitlich unabhängig. Wenn ich heute noch einmal anfangen könnte, würde ich diesen Weg

wählen. Er ist individueller, Du kannst Dich voll und ganz auf Dich konzentrieren, auf Deine Bedürfnisse, die keinem Lehrplan folgen. Der Unterricht ist frei gestaltet, was mir sehr entgegen kommt. Ich nehme heute immer noch Unterricht, gehe regelmäßig zu einem Schauspielcoach. Für Film- und Fernsehrollen ein absolutes Muss. Das Lernen in diesem Beruf hört nie auf!

Welcher Typ bist Du?

Wie Du siehst, gibt es doch einige Möglichkeiten, um das Schauspielhandwerk zu erlernen. Erforsche Deinen „natürlichen" Typ. Wie in der Schule gibt es Lieblingsfächer und Inhalte, die man nicht so mag. Man braucht für diesen Beruf sehr viel Selbstdisziplin, das kann man üben. Auch Selbstwertgefühl ist erlernbar. Talent jedoch nicht. Dieses Fach gibt es nicht. Schaffe Situationen, die Dich herausfordern; in diesem Beruf muss man viel aushalten können.

Was ist Talent? Die Fähigkeit, Authentizität in meinen Figuren zu finden? Wo finde ich sie? Wohl u. a. in den eigenen Abgründen. Um diese zu erkennen, muss ich lernen, mir Fragen zu stellen, auch unangenehme. Wohl wird dies durch den Drang, Antworten zu finden, gelenkt. Es ist ein ständiges Ringen mit der eigenen Person. Oder ist etwa Talent nichts weiter als die Leidenschaft und die Liebe zur Sache? Oder aber ist Talent sich hineinwerfen in die Rolle, mit allem, was Dir zur Verfügung steht? Das sind nur einige der Fragen, auf die ich keine eindeutige Antwort habe. Vielleicht ist es eine Mischung aus allem. Talent ist, es kann nicht werden. Du kannst es nur pflegen und erkennen, dass Du eine Verantwortung für eben dieses Sein trägst, und das heißt: Deine Berufung gegen alle Widrigkeiten ernst nehmen.

Am Theater wird die Wandlungsfähigkeit sehr geschätzt. Mir ist es schon oft so gegangen, dass mich Zuschauer nach einer Vorstellung nicht erkannt haben. Ich empfinde das als größtes Kompliment. Bühne ist Bühne. Und im Privaten ist jeder eine andere Person, obwohl Du Deine Rolle steuerst, die Figur lebendig werden lässt. Beim Film, vor der Kamera geht es weniger stark um die Fähigkeit zur Verwandlung. Oft spielen Schauspieler*innen den immer gleichen Rollentyp. Ich sehe das völlig wertfrei. Lieber in einer Schublade stecken und mit dem Beruf Geld verdienen, als gar nicht zu drehen, denn zwischen den Drehs gibt es ja schließlich immer wieder die Möglichkeit, am Theater zu spielen.

Ungewöhnliche Wege

Es gibt viele Schauspieler*innen, gerade in der jüngeren Generation, die keine klassische Ausbildung haben. Als Kind oder Jugendliche*r haben sie schon vor der Kamera gestanden, sind also in den Beruf hineingewachsen, wurden immer wieder weiter besetzt und wollen gar nicht ans Theater. Natürlich ist das auch in Ordnung. Wie auch immer Dein Weg verläuft, eines ist klar, ohne Mentoren*innen, die unterstützen, wird es schwer und einsam. Verbündete sind immer gut. Menschen, die förderlich sind, es gut meinen. In beiden Wirkungsmedien, ob Theater oder Film, gilt es, neugierig und offen zu bleiben, weiterzulernen, das Handwerk zu verstehen. Es gibt immer Menschen vom Fach, auch fachunabhängige, die uns auf unserem Weg ein Stück begleiten. Mit den Jahren habe ich eine Haltung entwickelt, die mich leitet, auch zu hinterfragen, mich, den Beruf und alles, was damit zu tun hat: Das Netzwerk. Die Förderer. Und die Neider. Ja, und übrigens, der Selbstzweifel ist absolut normal. Ohne den gibt es keine Entwicklung, aber meine Liebe zum Beruf habe ich von Beginn an geschützt. Ich habe schnell erspürt, wer es gut meint und wer nicht. Es gilt also, die Balance zwischen Selbstzweifel und Selbstvertrauen herauszufinden. Wenn das gelingt, hast Du eine gute Grundlage für alles, was kommen mag.

Jetzt wirst Du vielleicht denken, aber, guck doch, es gibt auch Schauspieler, die einfach so, ganz ohne Ausbildung, ohne Anstrengung, erfolgreich sind wie etwa Jürgen Vogel. Ja, sage ich, sicherlich, Ausnahmen bestätigen natürlich die Regel. Jürgen Vogel hat keine Schauspielschule absolviert, Hannah Herzsprung, auch eine erfolgreiche Schauspielerin, hat ihr Handwerk auf einer Privatschule gelernt. Du siehst, viele Wege führen zum Ziel, doch vergleiche Dich nie mit anderen, bleib bei Dir. Kein anderer kann diesen Job für Dich übernehmen: Die Treue zu Dir selbst.

Keine Scheu

Solltest Du Dich für eine Privatschule entscheiden, weil Deine Versuche auf eine staatliche Akademie, gescheitert sind – auch das kommt natürlich vor, was aber nicht bedeutet, dass Du zu wenig Talent besitzt –, dann stellt sich die Frage, wie Du eine Privatschule oder Privatunterricht finanzieren kannst. Ich und viele meiner Kollegen*innen haben in ihren Anfangsjahren gekellnert. Ich habe u. a. Blumen verkauft, im Perlenmarkt gearbeitet und für andere Leute geputzt, mich in ein Inkassobüro geschleppt, wo ich Stunden am Telefon hing und Akquise betrieb. Geschadet hat es mir nicht. Reale Welt schadet nie. Systeme kennenlernen. Kunst hat scheinbar erstmal nichts mit der realen Welt gemein. Und doch schöpft sie eben aus ihr. Alle diese Jobs sind ein unermesslicher Schatz, der Dir für Deine Rollen zur Verfügung stehen kann. Wir Schauspieler stellen dar, abstrahieren Figuren, die gewöhnlich ein*e Autor*in erschaffen hat, der*die ebenfalls durch ein soziales Gefüge geprägt ist. Und selbstverständlich muss er*sie wie auch wir als Darstellende keinen Menschen umgebracht haben, um eine*n Mörder*in zu spielen, Figuren, die wir auf den Bühnen oder im TV oder auf der Kinoleinwand lebendig werden lassen.

2

**Wenn ihrs nicht fühlt,
ihr werdet's nicht erjagen.**

Johann Wolfgang von Goethe

Was ist das mit dem Gefühl? Das Erfühlen? Erjagen, hinterherjagen, erlegen?

Die Rolle muss man erfühlen in all Ihren Facetten, tief bei sich graben, dem emotionalen Gedächtnis.

Wenn das Gefühl für eine Rolle nicht stimmt, da bleibt man immer auf der Strecke, sprich, die Rolle bleibt belanglos, weil ihr das Fleisch fehlt.

Es gibt Rollen, da geht es nur über den Kopf, nur über eine klare Analyse, und auch das funktioniert. Die Kombination aus beidem ist ideal.

Wenn Du es nicht erjagen kannst mit dem Gefühl, kann Dein Verstand helfen, es zu erfühlen. Das ist und bleibt Dein Geheimnis. Nicht zerreden, es soll bei Dir bleiben.

Hindernisse

Ablehnung kann Dich stärken. Sie ist ein guter Test für später, das bemerkt man oft erst Jahre später. Mit 18 wusste ich das nicht, ich wusste nur, ich will vorwärts. Nachgedacht habe ich nicht viel. Vielleicht war das gut so. „Alleinstellungsmerkmal" war ein Fremdwort für mich. Wie mich der Markt als „Typ" einordnet, war mir ebenfalls einerlei. Das hört sich durchaus selbstbewusst an, das war ich aber nicht immer.

1986, ich war zweiundzwanzig Jahre alt, war das Jahr, indem ich zum ersten Mal nach der Schauspielschule auf einer großen Bühne stand, die Vereinigten Bühnen Krefeld/Mönchengladbach, mit meinem Beruf Geld verdiente, einen Vertrag hatte, nämlich einen Stückvertrag.

Das Ziel erreicht, endlich Theater spielen, riechen, leben. Und es endete mit einem Misserfolg. Das Stück wurde nach der Premiere abgesetzt. Ich war zwar unsanft, jedoch in der realen Theaterwelt angekommen.

„Das Geheimnis der Wolfsschlucht", die Version für Kinder des „Freischütz" von Carl Maria von Weber.

Zwei Jungs hatten die Hauptrolle, bildeten den Rahmen für die Geschichte der Kinderoper.

Noch zwei Tage vor der Premiere wurde die Regisseurin durch den Intendanten ersetzt, doch auch das konnte das Stück nicht mehr retten.

Die Premiere kam, und wir alle, samt den Musiker*innen vom Orchester bis hin zum Dirigenten, waren hochmotiviert. Während wir spielten und in unseren Rollen der Musik lauschen sollten, sah ich, wie Kinder, also unser Publikum, auf den Rängen Fangen und Verstecken spielten, überhaupt nicht zuhörten. Der Geräuschpegel stieg unaufhaltsam an, Türen knallten im Zuschauerraum: Es war ein Albtraum.

Wir waren gescheitert, hatten das Publikum nicht erreicht. Es hat lange gedauert, bis ich begriff, wie brutal Theater auch sein kann. Viele Tränen sind geflossen.

Am Boden zerstört, rappelte ich mich wieder auf. Niemand hatte mir auf der Schauspielschule oder vorher gesagt, dass so etwas passieren kann, und vor allen Dingen keine Hilfestellung mitgegeben, wie damit umgehen.

Dranbleiben

Mein Instinkt sagte mir unaufhörlich: Weitermachen, weitermachen.

Was half? Das nächste Engagement: Am Volkstheater Frankfurt. Neue Stadt, neues Glück. Dort wurde im hessischen Dialekt gespielt, den ich überhaupt nicht beherrschte. Beim Probelesen, es gab kein Vorsprechen, wiederholte ich nur, wie der Regisseur es zuvor gelesen hatte. Meine Dialektbegabung kam mir zugute und ich bekam die Rolle.

Die Schmach von Krefeld/Mönchengladbach war vergessen. Triumph!

Zu früh gefreut, denn: Nach zwei Wochen Proben für die Rolle, für die ich engagiert war, wurde ich umbesetzt. Allerdings wollte man mich behalten und fragte, ob ich bereit wäre, eine andere, etwas kleinere Rolle im selben Stück zu spielen. Wieder verließ ich mich auf meinen Instinkt und schob meine gekränkte Eitelkeit zur Seite. Ich wollte spielen und sagte zu. Diese Rolle spielte ich dann mit großer Freude über fünfzig Mal en suite.

Heute, viele Jahre später, weiß ich, dass mich gerade solche Erlebnisse stark gemacht haben, immer wieder aufzustehen. Auch wenn das Aufstehen mit dem Älterwerden etwas schwerer fällt.

Aufgeben ist keine Option, nie!

Erfolg

Jahre später spielte ich in „Comedian Harmonists"
zwölf verschiedene Rollen, mein Part bildete den
Rahmen für die anderen Kollegen, die Comedians,
die sangen.

Bei dieser Premiere war ich gerührt und ja, auch
dankbar.

Am Schluss gab es für uns alle minutenlangen Applaus und stehende Ovationen zu jeder Vorstellung.
Mich freute auch sehr, dass, als die Karten im Vorver-
kauf waren, nach fünfzehn(!) Minuten alle elf Vorstellungen ausverkauft waren. Ein tolles Gefühl, dass ich
auch gerne ganz alleine genossen habe, nur für mich,
in meiner Garderobe.

Der Beruf lehrt Dich Demut, ja, bei mir trifft das zu,
aber minutenlangen Applaus und Stehende Ovationen habe ich mittlerweile ein paar Mal erleben dürfen, ein absolutes Geschenk.

3

**Fang an und bleib dran –
Handlung verwirklicht Ziele.**

Rene Esteban Jiménez

Den Beruf des Schauspiels zu wählen, ist erst einmal sehr mutig, wenn man nicht gerade aus einer Schauspieldynastie entspringt und durch offene Türen laufen kann, an die man nicht anklopfen muss, weil der Nachname schon bei den Agenturen, Produktionsfirmen oder Redaktionen oder bei Theaterintendanten bekannt ist. Ist dem nicht so, brauchst Du Kraft, Energie und Konzentration. Texte lernen. Im Team arbeiten. Physisch präsent bleiben. All das gehört auch zum Handwerk. Richtiges Sprechen. Das Erlernen einer Sprechtechnik, mit der Du auf allen Bühnen bis in die letzte Reihe kommst, auch mit leisen Tönen. Das sind die Grundelemente, auch wenn Du später vielleicht den Dreh für Kino oder Fernsehen bevorzugst, denn falls Du längere Drehpausen aushalten musst, ist das Theater eine gute Möglichkeit, die Zeit zu überbrücken, schließlich hast auch Du sicherlich Fixkosten wie Miete und andere Dinge. Darüber hinaus kannst Du in diesen Zeiten mit einer gut ausgebildeten Stimme dein Geld mit Moderationen, Lesungen, Hörspielen, Synchronsprechen verdienen.

Und vergiss nicht: Das Theater ist der Ursprung unseres Berufes. Du bist bei den Vorstellungen live, nichts kann ge-ixt, geschnitten oder wiederholt werden. Der Bogen Deiner Rolle muss an einem Abend sitzen.

Meine Empfehlung: Spiel Dich nach deiner Ausbildung frei, wie man sagt, jetzt hast Du alles, was Du brauchst. Du kannst Deine Stimme einsetzen, Du kannst die Dynamik mit Deinen Schauspielkollegen*innen einschätzen, genug Übungen hast Du hinter Dir, jetzt gilt es, künstlerische Entscheidungen selbst zu fällen. Biete Dich an, mach dem Regisseur, mit dem Du arbeitest, Vorschläge, setze Akzente. Setze Deinen Fokus. Welchen Weg Du einschlägst, ist Deine Entscheidung. Jeder Mensch, jede*r Schauspieler*in ist anders und jede*r benötigt andere Dinge für seine Entwicklung.

Authentizität

Mein Weg führte erstmal ins Kinder- und Jugendtheater. Auch wenn das seltsam klingt, für diese jungen Zuschauer zu spielen, ist kein Spaziergang. Sie merken sofort, ob Du nur „spielst" oder, ob Du authentisch bist, sie zeigen es Dir ganz deutlich und, glaube mir, sie sind gnadenlos im Lob wie auch in der Ablehnung.

Wie gesagt, Deine Sprache ist wichtig. Deine Stimme sollte tragen, durch den ganzen Bühnenraum. Meine damalige Schauspiellehrerin und Sprechlehrerin arbeitete mit dem von Julius Hey geschriebenen Buch „Der kleine Hey – Kunst der Sprache". Diese Übungen sind sehr gut, auch witzig, so dass ich des Öfteren während des Unterrichtes schallend lachen musste, was mir wiederum strenge Blicke meiner Lehrerin einbrachte. Ich war jung, unbedarft, hatte keinen Geschmack, nur das Theater war für mich wichtig – und ich hatte Ideen, ließ mich inspirieren: Sprechübungen mit einem Korken im Mund. Gewohnheitsbedürftig, jedoch sehr effektiv.

Natürlich sollte auch Dein Körper in Schwung gehalten werden. Wenn auf deiner Schauspielschule zu wenig davon angeboten wird, oder Du das Gefühl hast, es ist Dir zu wenig:

Nimm Dich selbst bei der Hand!

Situps, Gymnastik, Tanz, Yoga etc. kann man zu Hause machen, und das Beste ist: Es kostet nichts. Auch Hanteln kannst Du Dir selbst besorgen. Oder geh joggen. Spaziergänge etwa machen den Kopf frei, und eignen sich fürs Lernen von Texten hervorragend.

An meiner Schauspielschule gab es einen seltsamen Yogalehrer, dessen Methoden, so gar nicht meine waren, mir nicht viel brachten. Ich hielt mehr von Tonbildung, die bringt den ganzen Körper zum Klingen. Und das Rollenstudium half mir. Und natürlich das Lesen, fast manisch. Der Geist darf und soll ja auch nicht zu kurz kommen.

Lesen, lesen, lesen!

Alles was Du kriegen kannst, Dich interessiert. Bei mir war es beispielsweise Hesse (falls Du ihn nicht schon in der Schule ergründet hast) Kästner, Tucholsky, Schnitzler, Brecht. Weltliteratur, Klassiker: Schiller, Goethe, Kleist, Shakespeare, Ibsen, Lessing, Camus, Beckett, Büchner, Dostojewski, um nur einige zu nennen. Die meisten Klassiker lesen sich wie Krimis, weil sie dramaturgisch so stark gebaut sind, dass man sie nicht mehr zur Seite legen mag. Es lohnt sich also. Lass Dich hineinfallen, in diese Texte, verknüpfe sie mit Deinen ureigenen Erlebnissen, mit Bildern, speichere sie in Deinem emotionalen Gedächtnis ab. Das können Erinnerungen aus Deiner Kindheit, eine bestimmte Reise, ein Urlaub, ein liebgewonnenes Haustier, was auch immer, sein.

Menschenstudium

Es gibt noch etwas, das wichtig ist: die Beobachtung. Menschen studieren, das ist für den Beruf genauso bedeutend, wie Text lernen. Wie verhalten sich Menschen in Cafés? Wie bestellen sie ihren Kaffee? Wie sprechen sie? Wie gehen sie? Haben sie eine besondere Stimmlage?

Durch die Beobachtung, das Zuschauen, Hinschauen lernst Du eine Menge, die Dir von Nutzen sein kann.

Meine Empfehlung: das Buch von Alexander Cranach *Da geht ein Mensch.*

4

Ruhm liegt nicht darin,
niemals zu fallen,
sondern jedes Mal aufzustehen,
wenn wir gescheitert sind.

Konfuzius

Das Fallen beginnt schon sehr früh, während Du Dein Handwerk lernst. Ich hatte während meiner Lehrjahre schon das große Glück, mit kleineren Rollen auf die Bühne zu dürfen. An meiner Schule war ein kleines Theater angeschlossen: „Die Insel", heute ist es die Studiobühne des Badischen Staatstheaters in Karlsruhe. Auf dieser kleinen Bühne machte ich die ersten, professionellen Schritte; sorgfältig von meiner Schauspiellehrerin und Sprechlehrerin überwacht. Auch sie war Schauspielerin.

Meine ersten Figuren: Der Judenschauer in „Andorra" von Max Frisch. Ein lispelnder Junge in Bert Brechts „Furcht und Elend des dritten Reiches". Und: Die Figur des Bruders von Jeanne in „Jeanne oder die Lerche" von Anouilh.

Während der Proben schaute ich immer auf die „alten Hasen" und war dabei so was von selbstbewusst. Ich glaubte tatsächlich, dass ich alles besser könne. Täuschung. Von wegen. Wenig bis nichts konnte ich besser. Mein Drang zu spielen, am besten alle Rollen hintereinander, nein, am besten, gleichzeitig, war nicht zu übertreffen, und ja, das war gut so, der Drang trug mich.

Mein Tipp: Wenn Du während der Ausbildung auf der Bühne eigesetzt wirst, nutze die Chance. Es ist eine wichtige und kann eine wirklich gute Erfahrung sein. Auf der Bühne zu stehen, ist etwas ganz anderes, als im Unterricht nur darauf vorbereitet zu werden. Erst im TUN begreift man. Im Schauspielberuf lernt man nie aus, das ist keine althergebrachte Floskel. Heute noch habe ich den Satz meiner Schauspiellehrerin im Ohr: „Der Knopf wird Dir viel später aufgehen". Damals, vor fast vierzig Jahren, hatte ich keine Ahnung, was sie damit meinte. Tatsächlich habe ich es erst sehr viel später begriffen.

Der schnöde Alltag

Nach der Schauspielschule folgt die wirkliche Herausforderung als Schauspieler*in. Lass Dich von der Euphorie tragen, jetzt die Bühnen in deinem Land zu erobern, oder die Film- und Fernsehwelt, oder beides.

Die eigentliche Arbeit beginnt jetzt: Bewerbungen schreiben, Vorsprechrollen auswählen, Fotos machen lassen, Kontakte aufbauen und pflegen. Vielleicht ebnet Dir deine Schauspielschule den Weg zu guten Fotografen*innen, Agenturen, Intendanten und Castern. Sollte dies nicht der Fall sein, dann gibt es immer noch die Möglichkeit, sich an die ZAV zu richten (bis zum 30. April 2007 hieß die zuständige Fachvermittlung für Bühnenangehörige sowie Film- und Fernsehen der Bundesagentur für Arbeit „ZBF – Zentrale Bühnen-, Fernseh- und Filmvermittlung"). Die ZAV vermittelt Schauspieler*innen, Sänger*innen sowie auch alle anderen Theaterberufe (z. B. Dramaturgen*innen, Souffleure*innen, Regisseure*innen, Regieassistenten*innen etc.)

Bei der ZAV vorzusprechen ist sinnvoll, denn sie nehmen Dich in ihrer Kartei auf und können dann für Dich tätig werden. Du musst dafür, im Gegensatz zu den privaten Agenturen, die pro Vermittlung 10% der von ihnen ausgehandelten Gage verlangen, nichts zahlen. Das Einzige, was Du wissen musst, ist, ob Du Theater spielen oder deinen Fokus auf Film und/oder Fernsehen legen möchtest.

Ein anderes Thema ist die Weiter- und/oder Fortbildung. Wenn es mal gerade nicht so gut läuft, Projekte ausbleiben oder abgesagt werden, also nichts zu tun ist, das nächste Engagement erst in ein paar Monaten beginnt oder die nächsten Drehtage auf sich warten lassen, dann nutze die Zeit und gräme Dich nicht. Strukturiere Deinen Tagesablauf. Sport treiben, sich vorbereiten, recherchieren für die Rolle, die auf Dich wartet, eine Sprache lernen. Das sind alles Tätigkeiten, mit denen Du Dich während der Zeit ohne Engagement geistig und körperlich gesund halten kannst.

Selbstvermarktung, Vernetzung und Initiative

Oder aber, auch sehr wichtig: Datenbanken pflegen, überlegen, ob Deine Fotos aktuell sind, oder ob Du mit deinem letzten Showreel zufrieden bist. Wenn ja, wenn all Dein Material zu Deiner Zufriedenheit steht, dann bringe Dich Castern*innen in Erinnerung. Oder nimm an einem Workshop teil. Es gibt Möglichkeiten, dass Du die Kosten nicht selbst tragen musst. Die Agentur für Arbeit stellt Weiterbildungsgutscheine aus, vorausgesetzt, der Anbieter ist zertifiziert, und die GVL unterstützt Künstler*innen finanziell.

Erkundige Dich. In unserem Beruf lernt man nie aus. Nutze diese Möglichkeiten. Auch ein eigenes Projekt auf die Beine zu stellen, sich dafür Verbündete zu suchen, ist eine Möglichkeit, in Bewegung zu bleiben und diese scheinbar unproduktiven Zeiten zu überbrücken, denn: „Der Schauspieler ist ein Bildhauer, der in Schnee meißelt."

5

Wer sich nur selbst spielen kann,
ist kein Schauspieler.

Goethe

About Me

Etwas, das in der Film- und Fernsehbranche unverzichtbar geworden ist, ist ein „About me"-Video, mittlerweile ein „Must have" für jeden*r Schauspieler*in. Individuell sollte es sein. Es macht durchaus und absolut Sinn, eines zu haben bzw. zu produzieren. Es geht in dem Video ausschließlich um Dich. Du bist der*die Hauptdarsteller*in. Der ganze Fokus liegt auf Dir.

Vorneweg, ganz wichtig: Es geht hier nicht um eine Rolle, die Du spielst. Es soll Dich zeigen: wer Du bist, Deine Persönlichkeit, Deine Stimme, Dein Alleinstellungsmerkmal. Was macht Dich aus?

Nutze diese Chance. Du kannst Dich dadurch von der Masse abheben. Im besten Fall fällt Dein Typ Castern*innen sprichwörtlich „sofort ins Auge". Du hinterlässt einen Eindruck, machst Dich sichtbar. Es ist ganz wichtig: Du sollst wahrgenommen werden, also lege Deine Scheu ab, falls Du sie hast –, *denn die im Schatten sieht man nicht.*

Wie Du Dein About Me gestalten wirst, sagt schon viel über Dich aus. Überlege Dir also in Ruhe, wie Du Dich präsentieren möchtest. Mach Notizen, denn ohne Konzept draufloszulegen, mit schlechtem Licht und verwackelter Kamera, ist kein Bringer.

Denke nach. Gehe in Dich. Was ist Dir wichtig? Was bedeutet Dir der Beruf?

Keine Angst vor professioneller Beratung

Such Dir dazu am besten einen Coach. Denn Freunde oder befreundete Kollegen sind zwar kostengünstig bei der Erstellung des Videos, aber nicht die besten Ratgeber. Es fehlt oft die nötige Distanz. Ein guter Coach hat diese. Er nimmt Dich so wahr, wie Du auf den ersten Blick wirkst. Das können Freunde nicht. Verabrede Dich mit Deinem Coach. Und sei, wie Du privat bist, versuche Dich nicht zu verkaufen oder etwas darzustellen. Erzähl über Dich und Dein Leben. Etwas, was Dir viel bedeutet, Dich traurig, nachdenklich oder zum Lachen gebracht hat. Zapfe Dein emotionales Gedächtnis an, das Du ja im Schauspielunterricht schon trainiert hast. Ich hoffe sehr, dass Du einen gute*n Lehrer*in oder Regisseur*in an Deiner Seite haben wirst, der Dich kompetent anleiten kann.

Die Rolle – dein Sujet

Deine Rollen sollen überzeugen, glaubhaft sein. Es
ist natürlich klar, dass man kein Mörder sein muss,
um einen zu spielen. Jede Figur, die Du darstellst,
hat nicht nur eine Charakterseite. Wie jeder Mensch
hat auch sie mehr als eine Seite. Auf diese Facetten
kommt es an, auch auf die dunklen. Wage Dich also
vor. Und halte nicht fest an den „Gutmenschen", die
Spannungen liegen anderswo. Konflikte und mensch-
liche Widersprüche sind reizvoll. Rufe sie in Dir ab.
Dein emotionales Gedächtnis ist nicht beschränkt,
wenn Du es hegst und pflegst. Es ist Deine Schatz-
kammer. Den Code, diese zu öffnen, kennst nur Du.
Und wenn Du ihn noch nicht kennst, dann suche ihn.
Ein*e Regisseur*in ist dazu da, Dir dabei zu helfen.
Manche spüren es, die talentierten, andere wiederum, deren Antrieb ist die Macht, von diesem kannst
Du auch lernen, aber anderes. Die meisten allerdings
überlassen die Schauspieler*innen sich selbst. Das ist
weniger hilfreich und sicherlich nicht förderlich, aber
gehört zum Beruf.

Das eine vom anderen zu unterscheiden, ist eine

Aufgabe, die Dir bevorstehen wird. Wo Vertrauen fassen? Wo Vorsicht walten lassen?

Der Beruf im Wandel

Zurück zum „About me"-Video: Diesbezüglich ist es natürlich ganz wichtig, Vertrauen zu haben. Vertrauen zu dem, der hinter der Kamera steht. Verstehe Dich auch als Unternehmer. Unser Beruf hat sich sehr verändert. Unternehmertum ist wichtiger denn je. Auch dies braucht Mut und Vertrauen. Nicht allein Deine Agentur kümmert sich um Dein Fortkommen, auch Du selbst musst aktiv bleiben. Hierzu gehört das Video. Meine Empfehlung: Kümmere Dich um gute Leute, die ihr Fach verstehen.

Nach dem ersten, konzeptionellen Treffen kommt der Tag der Aufnahme. Wo gedreht wird, entscheidest Du mit der Regie. Ob Zuhause, im Freien, an Deinem Lieblingsort – es gibt viele Möglichkeiten. Du entscheidest.

Ich fasse noch einmal zusammen: Diese Produktion ist Deine Chance, um Dich zu zeigen und auf Dich aufmerksam zu machen. Frage Dich: Welcher Typ Mensch bin ich? Extrovertiert? Introvertiert? Deine ganz persönliche Sicht auf Dich ist gefragt.

Ein Handy zum Drehen der Szene reicht aus, wenn

Du im Freien drehst und gutes Licht hast. Lass immer im Querformat aufnehmen. Ein Stativ, das höhenverstellbar ist, und eine Tageslichtlampe gehören heute zur Grundausstattung für jede*n Schauspieler*in. Und ein Handy haben die meisten. Die Kosten hierfür liegen bei ungefähr 100 Euro, je, nach dem, wo Du Stativ und Tageslichtlampe kaufst. Die Ausgaben kannst Du steuerlich absetzen. Die Grundausstattung anzuschaffen lohnt sich wirklich, glaube mir, denn gerade bei E-Castings bist Du oft auf Dich allein gestellt. Bei diesen Castings bist Du Dein eigener Regisseur, Kameramann und natürlich Schauspieler. Die optimale Länge eines „About me"-Videos liegt bei zweieinhalb Minuten. Greif nach den Sternen!

Setz Dir Ziele. Formuliere Glaubenssätze. Wenn sie Dir noch nicht bewusst sind, strenge Dich an, suche sie in Dir. Wenn Du sie allerdings hast und sie negativ sind, kehre sie um ins Positive. Und auch ganz wichtig: Überprüfe Deine Selbsteinschätzung. Was passt zu Dir? Mach Dein kleines Filmchen zu Deiner Traumrolle. Hast Du denn eine? Oder sogar mehrere? Auch dies könnte eine Frage für Dein About Me sein.

Da fällt mir ein: Sehr oft ist für männliche Schauspieler Hamlet eine Traumrolle. Für mich war sie das nie. Vor ein paar Jahren spielte ich in diesem Shakespeare-Stück Polonius, weil ich musste. Das kann ein

Nachteil bei Festengagements an Theatern sein, Rollen spielen zu müssen, die man nicht spielen will, aber auch von ihnen lernt man. Ja, und dann gibt es bekanntlich auch Rollen, die man gespielt haben *muss*. Das kann ich nicht unterschreiben.

Denn: Jeder Weg ist individuell. Zu mir kamen Rollen, mit denen ich nicht gerechnet hatte.

Meine Traumrollen waren in früheren Jahren z. B. der Oswald in „Gespenster", Franz Moor in „Die Räuber" und „Richard der Dritte" im gleichnamigen Stück von William Shakespeare. Ich warte beispielsweise auf „Richard der Dritte" immer noch, dass er zu mir kommt. Ob er mich noch findet? Denn schließlich sind es noch ganz andere Kriterien: Das Aussehen zum Beispiel. Bist Du gutaussehend, kriegst Du die Liebhaber- und Heldenrollen. Mit einer relativ geringen Körpergröße, wie die meine, und einem jungenhaften Aussehen, was spielt man da? Komiker? Kinderrollen? Oder Charakterrollen? Ja, das können wir leider nicht beeinflussen.

Die hohe Kunst der Geduld
oder was ist eine Agentur?

Als Schauspieler*in muss man auf Warten eingestellt sein, nicht nur beim Dreh, sondern auch bei Projektanfragen und vor allem bei den Traumrollen. Behalte sie trotzdem nicht für Dich, teile sie mit, in Deinem About Me oder aber Deinen Verbündeten. Sobald Du eine Agentur hast, die Dich vertritt, ist diese die erste Adresse, der Du mitteilen solltest, wohin Du willst. Es ist enorm wichtig, mit Deiner Agentur und deren Vertretern*innen im Austausch zu sein.

Stell Dir Fragen wie: Was macht die Agentur für mich? Was mache ich für die Agentur? Es ist eine geschäftliche Beziehung. Wie schon gesagt, Dein Unternehmertum ist gefragt, denn eine Agentur, die gut aufgestellt ist, hat all die wichtigen Kontakte zu Castern*innen, Produzenten*innen, Redakteuren*innen, Sendern etc. kurz, all die, die für Dich Arbeitgeber oder Projektpartner werden können. Sie verhandeln die Gage für Dich aus, gehen Verträge durch und vertreten Dich arbeitsrechtlich. Oft terminieren sie Dich auch, immer in Absprache mit Dir. Sie leiten Anfragen weiter. Deine Aufgabe ist es, Dich auf die Rollen vorzubereiten. Und darüber hinaus, trägst Du die Verantwortung über Dein Material, das immer auf dem aktuellen Stand sein sollte. Betrachte die Agentur als Deinen Partner und sei nicht gleich zu dankbar, dass sie etwas für Dich tut, schließlich profitiert sie auch von Dir, sei auf Augenhöhe und verstehe Dich als Geschäftspartner*in. Warte also nicht auf einen Anruf, auf eine Anfrage, werde selbst aktiv, wenn Du längere Zeit nichts gehört hast, nimm es nicht persönlich, sondern: Nimm Dich selbst bei der Hand!

Ein paar Ansichten/Lebensnahes

Erstens: Schauspielerei ist keine Therapie, sie ist Handwerk. Du musst nicht unglücklich sein, um virtuos spielen zu können. Es ist Quatsch, zu glauben, je mehr Leid Du empfindest, umso grandioser wird dein Spiel. Pflege Dein emotionales Gedächtnis, wie schon erwähnt, das ist der Schlüssel. Das geht am besten, wenn Du glücklich bist und es Dir gut geht. Du leidest genug, wenn Du die Rolle erarbeitest, mit allem, was Dir zur Verfügung steht, mit Deinem Handwerk, ja, Deiner Kunst.

Zweitens: Als Schauspieler*in kann es Dir passieren, dass Du nicht ständig abhängig beschäftigt bist. Dies gilt meist im Bereich Film und Fernsehen. Am Theater bekommt man eine feste Monatsgage plus Urlaubs- und sogar Weihnachtsgeld. Selbstverständlich führt man von seinem Bruttogehalt auch die Sozialversicherungsbeiträge (Kranken-, Pflege-, Renten- und Arbeitslosenversicherung) ab.

Als sogenannter „freischaffender Schauspieler", auch fester Freier genannt, der nicht regelmäßig, sondern nur für zwei bis drei Drehtage beschäftigt ist, ist die finanzielle Übersicht etwas schwieriger. Dabei ist es sehr wichtig, sich selbst zu versichern, zum Beispiel bei der Künstlersozialkasse (KSK), die ein europäisches Projekt für Künstler*innen ist. Informationen findest Du unter: *www.kuenstlersozialkasse.de.*

Des Weiteren kannst Du Dich (beispielsweise in Bayern) bei der Bayerischen Versicherungskammer anmelden. Der freiwillige Beitrag liegt derzeit bei 12,50 € im Monat *(www.bayerischeversicherungskammer.de).*

Drittens: Wie bereits erwähnt, ist die Berufswahl als Schauspieler*in eine der schwersten. Die finanzielle Unsicherheit und das ständige „Sich-zeigen und Verkaufen", fordert Dich heraus. Du solltest ein*e Kämpfer*in sein und ein dickes Fell mitbringen. Hier passt ein Zitat von Bo Rosenmüller sehr gut: „Und wenn der Mut Dich verlässt, gehste einfach alleine weiter." Das kann ich nur unterschreiben.

Viertens: Nun gut. Was tun, wenn man ganz am Anfang steht? Nichts, als sich selbst vorzuweisen hat? Nicht mal ein Showreel. Wie kommst Du an gutes Material für Deine Präsentation?
    Eine Möglichkeit:

Schau auf die schwarzen Bretter der Filmhochschulen. Bewerbe Dich auf Abschlussfilme, nimm mit der Produktion oder dem*der Regisseur*in Kontakt auf. Hier ein paar Links:

HFF (Filmhochschule in München):
www.hff-muenchen.de,
Ludwigsburg (Filmakademie Ba-Wü):
www.filmakademie.de,
HFBK in Hamburg: *www.hbfk-Hamburg.de,*
Filmhochschule Leipzig: *www.filmschule-leipzig.de.*

Bewerbe Dich formlos, per E-Mail, mit Fotos und warte ab. Es ist eine Chance, Erfahrungen vor der Kamera zu sammeln, Du erfährst, wie ein Set funktioniert und vieles mehr.

Achtung: Es gilt, nicht alles anzunehmen. Schauspieler*innen sind keine Versuchskaninchen. Studiere das Drehbuch, solltest Du angefragt werden, schau, ob die Rolle zu Dir passt. Führe eine Pro- und Contra-Liste, fixiere den Mehrwert des Projektes für Dich und entscheide dann, denn meist gibt es keine Gage, auch keinen Vertrag auf Rückstellung. Im Falle dessen, stelle Dir die Frage: Eignet sich die Szene, für die ich gebucht werden soll, für ein gutes Showreel?

Anmerkung: Rückstellungen nennt man Gagen, die

bei unterfinanzierten Produktionen angeboten werden. Bei einer Gagenzurückstellung verzichtet ein*e Darsteller*in oder ein Teammitglied auf die garantierte Auszahlung der vereinbarten Gage während der Dreharbeiten bzw. der Produktion des Filmprojekts. Die Auszahlung wird also auf einen späteren Zeitpunkt zurückgestellt. Erst wenn der Film während seiner Auswertung reale Erlöse erzielt, wird die vereinbarte Gage (oder ein Teil davon) ausgezahlt. Ist der Film nicht erfolgreich, wird keine Gage bezahlt und somit ist der/die Schauspieler*in am Risiko einer nicht gelungenen Filmauswertung beteiligt.

Die Entscheidung, sich auf ein o. g. Finanzierungsmodell einzulassen, obliegt alleine Dir.

Fünftens: Das Warten ist bei Film- und Fernsehproduktionen ganz normal. Am Theater wartest Du nicht stundenlang auf Deinen Einsatz. Beim Dreh kann das vorkommen. Man kann das Warten, die Zeit aber nutzen, seinen Text durchgehen, ein Buch mitnehmen, und wenn möglich, sich in einen Raum oder eine stille Ecke zurückziehen. Da auch dieses Warten anstrengend ist, verstehe es als Arbeitszeit, denn auch währenddessen musst Du Deine Konzentration beibehalten.

Zum Schluss

Ich sehe auf vierzig Jahre Berufsleben zurück. Das Berufsbild des*r Schauspielers*in hat sich komplett gewandelt. Heute muss der*die Schauspieler*in unternehmerisch denken, seine*ihre Reichweite ist durch die Digitalisierung global, internationale Produktionen sind näher denn je, Plattformen wie Crew United, wo sich die Filmwirtschaft tummelt, Youtube und Vimeo, wo Filme hochgeladen werden, ermöglichen Sichtbarkeit. Ich fing ohne all diese Möglichkeiten mein Berufsleben an. Ich musste kein Marketingexperte sein. Heute muss ich, wie alle meine Kollegen*innen, meine Datenbank selbst verwalten, aktuell halten, Social Media bedienen und mich permanent weiterbilden.

Durch den Wandel, der uns als Gesellschaft herausfordert, hat sich nicht nur die Arbeitswelt verändert, sondern auch das Fernsehverhalten unserer Zuschauer*innen. Snapchat-Serien erobern die Welt, ebenso wie Streamingdienste (Netflix, Amazon Prime Video etc.) Diese Dienste zeigen mittlerweile nicht nur Filme, sie produzieren Serien und Filme in Eigenregie.

Und zum ersten Mal in der Geschichte des Oscars, ein absolutes Novum, sind die produzierten Filme, beispielsweise von Netflix, für die Nominierung zugelassen.

Es gibt also viel zu tun für unsereins, noch mehr Streamingdienste werden folgen. Wie wird in zwanzig Jahren unser Fernsehverhalten sein? Wird es eine Zeit geben, in der das Kino oder das Theater endgültig zu Grabe getragen wird? Die Zeit wird es erzählen, es bleibt spannend.

Wie und warum bin ich also Schauspieler geworden? Frage Dich das immer wieder. Und denke daran: Den richtigen Weg gibt es nicht. Schaue immer mal wieder zurück, nur so schaffst Du den richtigen Schritt für Dich, nach vorn, in Deine Zukunft.

Danke

Mein ganz persönlicher Dank gilt Bo Rosenmüller, die mich zu diesem „Mutbachbuch" inspiriert hat, „werspricht – Text & Profil" (Lektorat), Claudia Klischat, die ermuntert, anregt, zuhört, als Coach konstruktiv beim Schreiben unterstützt, meiner Agentin Tanja, die mir eine Chance gab und an mich glaubt, und Christoph, der immer für mich da ist, Matthias, meinem großartigen Schauspielcoach, der mich immer fordert und weiterbringt und Barbara H., durch die ich lerne und das Leben verstehe.

Rüdiger Bach lebt als freischaffender Schauspieler in München. Seit fast vierzig Jahren spielt er auf verschiedenen Bühnen, und im TV.

Presseanfragen unter *www.kmkb.de*

Hilfreiche Links

Eine Liste aller Schauspielschulen in Deutschland findest Du unter:

www.casting-network.de (ebenso sämtliche Agenturen, wie die ZAV, sowie die unzähligen privaten)

Wichtige Netzwerke:
www.casing-network.de
www.castforward.de
www.filmmakers.de
www.castupload.de
www.schauspielervideos.de
www.crew-united.de

Und hier solltest Du unbedingt Mitglied werden:
www.kuenstlersozialkasse.de (diesbezüglich lass Dich beraten über *www.freie-wildbahn.de*)
www.gvl.de
www.buehnengenossenschaft.de
www.bffs.de
www.vkb.de